Madame
Poipoi

Monsieur
Henri

Gino
Marto

Rémi
Lepoivre

Adrien
Dubouchon

Mélanie
Lano

# Tom-Tom et Nana
## Dégâts à gogo !

Scénario : Jacqueline Cohen, Evelyne Reberg
Dessins : Bernadette Després - Couleurs : Catherine Viansson-Ponté

A LA BONNE FOURCHETTE

Marie-Lou
Dubouchon

Yvonne
Dubouchon

Nana
Dubouchon

Tom-Tom
Dubouchon

© Bayard Presse *(J'aime Lire)*, 2001
© Bayard Éditions / *J'aime Lire,* 1998
ISBN : 978-2-7470-1401-4
Dépôt légal : janvier 2004
Droits de reproduction réservés pour tous pays
Toute reproduction, même partielle, interdite
Imprimé en France par Pollina - L66742E

# La pêche au diling

6

# Tom-Tom et Nana : Dégâts à gogo !

# Tom-Tom et Nana : Dégâts à gogo !

10

# Tom-Tom et Nana : Dégâts à gogo !

11

Tom-Tom et Nana : Dégâts à gogo !

13

14

# La chasse à l'oeuf

# Tom-Tom et Nana : Dégâts à gogo !

19

# Tom-Tom et Nana : Dégâts à gogo !

# Bonne fête, Mamuche!

Je vous en supplie, refaites-moi cette merveille !!

Pas question !

On a du travail pour l'école !

Et toc !

Montrez-moi au moins le modèle !

NON !

Non et non !

Oh... et puis, tiens ! Juste un morceau !

Bon, je peux me débrouiller avec ça...

Un peu plus tard.

Et voilà! le malheur est réparé!

Il n'y a même pas notre mot!

"... maman chérie, nous avons fait cette triple cruche en pensant à toi ..."

Merci pour tout les enfants!

Ah! Quelle belle fête des mères!!

Très, très réussie!

Adrien, viens voir!

Qu'est-ce qu'il y a?

Je suis débordé....

32

# Tom-Tom et Nana : Dégâts à gogo !

34

# Merci, madame Ziza !

Ma valise ! Je veux prendre ma valise !!

Tu es folle !

On n'a plus le temps !

PARTEZ au bout du monde avec

AIR FONCE

NEW YORK
PÉKIN
OUAGADOUGOU

10.000 F seulement

Qu'est-ce qu'on va devenir ?

On n'a nulle part où aller !

Ohé ! Vous venez avec nous ?

On va jouer aux cuisiniers !!

OUAGADOUGOU
10.000 F seulement

Surtout pas !

Ni à ça, ni à rien d'autre !

37

Laissez-nous passer...

C'est urgent !!

Faites la queue comme tout le monde !

On a un problème archi-grave !!

Mais...

Et nous alors ?!

Moi, j'ai le cerveau mité !!

Personne ne m'aime !!

Nous...

...euh...

Ma maison est hantée !!

...On a laissé brûler des chouquinettes !!

Hin, hin !

5 heures après...

A qui le tour ?

Ha, ha ! Lé pétito Dubouchono !

Ma...ma...dame Ziza !

Euh...

# Tom-Tom et Nana : Dégâts à gogo !

...Pas malo, bono...

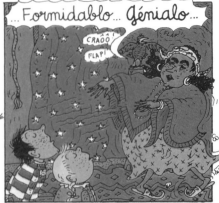

...Formidablo... Génialo...

CRAôô !
FLAP !
FLAP !

Triompho !

Finito ! Touto réparato ! Plus dé problémo...

Aaaatchoum !

Rétourno maisono tranquillo !!

Avec péti cado pour parento...

41

42

Nana !!!

Ouf !

Et ton frère ?!

Là...

Oh ! J'ai eu si peur !!

Pschii...

On vous a cherchés partout !!

Tom-Tom !!

Mais... euh...

Dans nos bras, trésor !!

Et... et... les chou... qui... qui...

Aucune importance !

On vous a retrouvés c'est le principal !

Il faut fêter ça !

Euh... justement, j'ai un petit truc...

# Silence à Roupillon!

46

48

# Tom-Tom et Nana : Dégâts à gogo !

54

# Totor et compagnie

Plus tard...

Allez, j'arrose Robert !

Oh, là, là... Ces fiches !!

Hé ! Qui c'est Simone ?

Sûrement la tortue !

Elle écrit mal, tante Roberte !!

Mmm... "Lait de sou-ris" !

Non ! "Laitue pour-rie" !

Oh ! "Si-rop de... tabac" ??

58

# Tom-Tom et Nana : Dégâts à gogo !

Les jours passent...

Mes rognures d'ongle ! C'est pour Mauricette !!

Idiot ! Mauricette, c'est le hamster !

FAUX !!

Le hamster, c'est Totor !

PLOF !

Hé, Fatiah ! Nana ! Arrêtez avec Rocky !

Ça fait dix fois que vous le nourrissez !

Hi ! Hi ! Il adore les haricots !

Ah ?!

Au bout d'une semaine...

Ouf ! Terminé !

A nous les vacances !

Aaaaah ! Les monstres !

Vite !

Je crains le pire !

J'ai trouvé cette tortue dans le frigo !!! A moitié congelée !!

Ben...

Sur la fiche...

...Y avait marqué "glaçons"...

Et ce hamster... pourquoi il zigzague ??!

Totor ?

Euh... il a bu...

Hic !

64

# La photo de classe

Cet après-midi, photo de classe!

Hou, là, là!

Faut que je l'aide!

Vous allez voir! Vous serez fiers de lui!

Ah non! Pas ce survêtement!

Si! Si! Rémi a le même!

Non, j'te dis! Mets ton beau costume!.... Tu seras le plus classe de la classe!

# Tom-Tom et Nana : Dégâts à gogo !

# Tom-Tom et Nana : Dégâts à gogo !

Tu te rappelles ? Celles que tu as mises une fois, l'année dernière avec le costume...

Les voilà !

Un bon coup de cirage et tu es sauvé !

Mais je vais tout me salir !

Je m'en occupe !

Vous ne pouvez pas vous mettre ailleurs ?

Hé !

J'en ai pour deux minutes !

FRRRSH !

Pfff !

70

# Tom-Tom et Nana : Dégâts à gogo !

Ouuuille !
On n'a même pas mangé !!

BLAM !

J'ai trop mal ! J'en peux plus !

Courage ! Il faut souffrir pour être beau !

C'est encore loin, l'école ?
On y est presque !...

...Avance ! On fait du 5 centimètres à l'heure...
Aïe ! Ouille !

PING !

Ouf !
J'ai plus un seul orteil !

ECOLE PRIMAIRE
C. LABARBE

M'dame ! C'est où, pour la photo ?

# Cher maître adoré

Monsieur Tabouret, mon petit maître adoré!

Oh misère! Mais c'est tout moche, ici!...

Ça c'est vrai, pire qu'à l'école!

S.O.S.! Il faut décorer la salle! Préparer une table spéciale!

Hé! Ho! Ton maître, c'est pas le pape, hein!

Si! Justement! décore si ça t'amuse! Nous, on a autre chose à faire!

Eh bien,

Pfff!... On ne peut jamais compter sur eux!

Sur moi, tu peux!

Bon, alors au travail! Va chercher une nappe!

OK, chef!

# Tom-Tom et Nana : Dégâts à gogo !

Le soir... Ouf! Tout est prêt!

J'ai le cœur qui bat à 100 à l'heure!

C'est lui!

Vous en faites une tête!

Oh, zut! Madame Poipoi...

C'est pour moi, cette jolie table? Non! Non!

On attend quelqu'un d'important! Vous, c'est là-bas!

# Tom-Tom et Nana : Dégâts à gogo !

Bonsoir !

CLAC !

Je peux ?

Non ! Table interdite !

Archi-réservée !

Cette fois, je parie que c'est monsieur Tabouret !

??? 

CLAC !

Bonsoir !

Euh... Vous êtes...?

Monsieur Lachaise ! J'ai téléphoné !

...Lachaise ? Bien sûr !

Bing !

Mettez-vous là ! Les enfants vous ont préparé une table magnifique !

Oh !

84

# Un trésor d'anniversaire

# Tom-Tom et Nana : Dégâts à gogo !

Je... je peux fouiller partout ?

Mais oui ! Pas de parents, la piste est libre !

Même dans le frigo ?

Te gêne pas !

Hi ! Hi ! Tu gèles !

C'est le pôle Nord !

PING !

Ha ! Ha ! C'est le pôle Sud !!

PLOF !

BONG !

PANG !

A-gla-gla ! Tu es en plein igloo !

BLING !

92

# Tom-Tom et Nana

## T'es zinzin
## si t'en rates un !

 ☐ N° 1

 ☐ N° 2

 ☐ N° 3

 ☐ N° 4

 ☐ N° 5

 ☐ N° 6

 ☐ N° 7

 ☐ N° 8

 ☐ N° 9

 ☐ N° 10

 ☐ N° 11

 ☐ N° 12

 ☐ N° 13

 ☐ N° 14

 ☐ N° 15

 ☐ N° 16

 ☐ N° 17

 ☐ N° 18

 ☐ N° 19

 ☐ N° 20

 ☐ N° 21

 ☐ N° 22

 ☐ N° 23

 ☐ N° 24

 ☐ N° 25

 ☐ N° 26

 ☐ N° 27

 ☐ N° 28

 ☐ N° 34